# 小跳豆 Jumping Bean 幼兒 禮貌 故事系列

# 客人來了要有禮

新雅文化事業有限公司
www.sunya.com.hk

# 小跳豆
## 幼兒禮貌故事系列

### 跟着跳跳豆和糖糖豆養成良好禮儀！

在幼兒的成長關鍵期，父母不僅要關注他們的腦力發展，更要讓他們養成有禮好習慣。但是，爸爸媽媽如何在愛護孩子的同時，避免養成「小王子」和「小公主」呢？

《小跳豆幼兒禮貌故事系列》共 6 冊，透過跳跳豆和糖糖豆的日常生活經歷，帶領孩子在不同場合中，包括：**在學校時**、**吃飯時**、**客人來了時**、**乘車時**、**在公園時**和**在圖書館時**，學習保持有禮的態度和適當的行為處事方法，讓孩子從小建立良好的品格。除了言教之外，更重要的是，父母要以身作則，為孩子樹立有禮貌的好榜樣。早上見到孩子應先說「早晨」；讓孩子取東西時，要說「請」、「謝謝」；做得不對時，要說「對不起」……這樣久而久之，孩子就會自自然然養成有禮貌的好習慣。

書後設有「親子小遊戲」，加強孩子的禮貌常識，培養他們正確的待人處事態度。「有禮評分區」讓孩子給自己的日常表現評評分，鼓勵他們自我反思，促進個人成長。

# 讓親子閱讀更有趣！

　　本系列屬「新雅點讀樂園」產品之一，若配備新雅點讀筆，爸媽和孩子可以使用全書的點讀和錄音功能，聆聽粵語朗讀故事、粵語講故事和普通話朗讀故事，亦能點選圖中的角色，聆聽對白，生動地演繹出每個故事，讓孩子隨着聲音，進入豐富多彩的故事世界，而且更可錄下爸媽和孩子的聲音來説故事，增添親子閱讀的趣味！

　　「新雅點讀樂園」產品包括語文學習類、親子故事和知識類等圖書，種類豐富，旨在透過聲音和互動功能帶動孩子學習，提升他們的學習動機與趣味！

想了解更多新雅的點讀產品，請瀏覽新雅網頁(www.sunya.com.hk)或掃描右邊的QR code進入新雅・點讀樂園。

# 如何使用新雅點讀筆閱讀故事?

## 1. 下載本故事系列的點讀筆檔案

1. 瀏覽新雅網頁(www.sunya.com.hk) 或掃描右邊的QR code 進入 新雅‧點讀樂園 。

2. 點選 下載點讀筆檔案 ▶ 。

3. 依照下載區的步驟說明,點選及下載《小跳豆幼兒禮貌故事系列》的點讀筆檔案至電腦,並複製至新雅點讀筆的「BOOKS」資料夾內。

## 2. 啟動點讀功能

開啟點讀筆後,請點選封面右上角的 新雅‧點讀樂園 圖示,然後便可翻開書本,點選書本上的故事文字或圖畫,點讀筆便會播放相應的內容。

## 3. 選擇語言

如想切換播放語言,請點選內頁右上角的 粵 ☆ 普 圖示,當再次點選內頁時,點讀筆便會使用所選的語言播放點選的內容。

## 4.播放整個故事

如想播放整個故事，請直接點選以下圖示：

## 5.製作獨一無二的點讀故事書

爸媽和孩子可以各自點選以下圖示，錄下自己的聲音來說故事！

1️⃣ 先點選圖示上 爸媽錄音 或 孩子錄音 的位置，再點 OK，便可錄音。

2️⃣ 完成錄音後，請再次點選 OK，停止錄音。

3️⃣ 最後點選 ▶ 的位置，便可播放錄音了！

4️⃣ 如想再次錄音，請重複以上步驟。注意每次只保留最後一次的錄音。

爸媽請使用
這個圖示錄音

孩子請使用
這個圖示錄音

星期天，
媽媽對跳跳豆説：
「一會兒胡蘿蔔太太來我們家。
爸爸媽媽要招呼她，
你自己安靜地玩，好嗎？」
跳跳豆説：「我知道了。」

胡蘿蔔太太還未來到，
跳跳豆於是拉着爸爸一起下棋，
非常高興。

叮噹！叮噹！
胡蘿蔔太太來了。
胡蘿蔔太太說：「你們好！」
跳跳豆說：「胡蘿蔔阿姨，
您好！」

媽媽忙着給胡蘿蔔太太倒茶，
爸爸忙着和胡蘿蔔太太談話；
跳跳豆拉着爸爸的手，説：
「爸爸，我們繼續下棋。」

爸爸摸摸跳跳豆的頭說：
「跳跳豆，爸爸在和客人談話，
我們一會兒再玩吧！」
胡蘿蔔太太說：
「跳跳豆真乖。」

跳跳豆想：

爸爸不和我玩，我找媽媽玩。

於是，跳跳豆拉着媽媽的手，説：

「媽媽，我們一起下棋。」

媽媽正在和胡蘿蔔太太談話，
她回過頭來說：
「跳跳豆，
爸爸媽媽有事和胡蘿蔔阿姨商量。
你自己去玩吧！」
跳跳豆心裏不高興，走開了。

第二天上學，
跳跳豆和博士豆在休息時間時
說笑話，
博士豆的妹妹走過來說：
「哥哥，和我玩皮球，好嗎？」

博士豆說：
「我和跳跳豆在談話，
你自己去玩吧！」

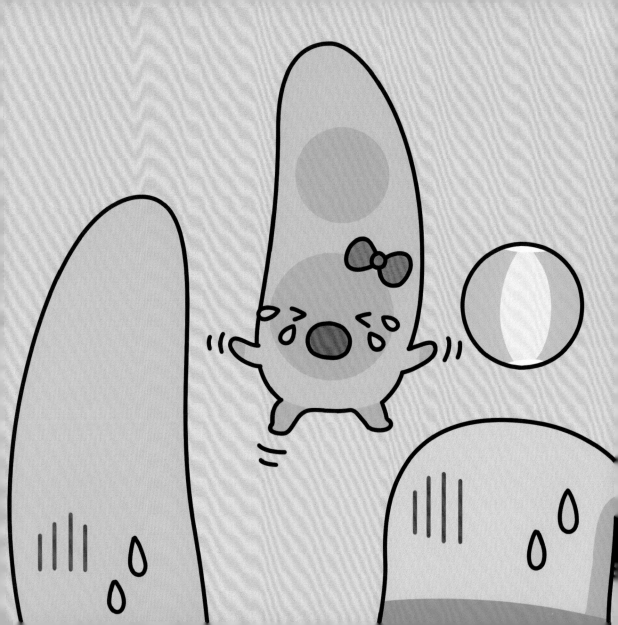

博士豆還未説完，
博士豆的妹妹便「哇」的一聲
哭了起來。

跳跳豆還想跟博士豆談話，
可是被博士豆的妹妹打斷了，
跳跳豆感到很失望！

跳跳豆放學回家，
看見媽媽正在和脆脆豆的媽媽談話。
他說：「阿姨您好！媽媽好！」
說完，他便自己去玩了。
因為他知道，
打斷別人的談話是不對的。

# 親子小遊戲

客人來了，我們該怎樣做才是有禮貌呢？請你在適當的 ☐ 內加 ✔。

A.

主動跟客人打招呼 ☐

B.

不理睬客人 ☐

C.

不打斷別人的話

D.

邀請小客人一起玩

答案：A、C、D

小朋友，當客人來了，你能做到以下的事情嗎？做得到的話，請你把 ♡ 填上顏色。然後跟爸爸媽媽說一說，你獲得多少個 ♡。

跟客人打招呼。

請客人坐下來。

請客人用茶、幫忙給客人送上點心。

不會打斷爸爸媽媽跟客人談話。

邀請客人的小朋友一起玩。

會跟客人道別。

## 小跳豆幼兒禮貌故事系列
# 客人來了要有禮

原著：簡簡

改編：新雅編輯室

繪圖：郝敏棋

責任編輯：趙慧雅

美術設計：鄭雅玲

出版：新雅文化事業有限公司

香港英皇道499號北角工業大廈18樓

電話：(852) 2138 7998

傳真：(852) 2597 4003

網址：http://www.sunya.com.hk

電郵：marketing@sunya.com.hk

發行：香港聯合書刊物流有限公司

香港荃灣德士古道220-248號荃灣工業中心16樓

電話：(852) 2150 2100

傳真：(852) 2407 3062

電郵：info@suplogistics.com.hk

印刷：中華商務彩色印刷有限公司

香港新界大埔汀麗路36號

版次：二○二一年五月初版

ISBN: 978-962-08-7696-7

© 2021 Sun Ya Publications (HK) Ltd.

18/F, North Point Industrial Building, 499 King's Road, Hong Kong

Published in Hong Kong, China

Printed in China